rén

people

dāo

knife

kǒu

mouth

dà

big

shān

mountain

wáng

king

tiān

sky

 mù

wood

kāi

open

jǐng

well

yuè

moon

ěr

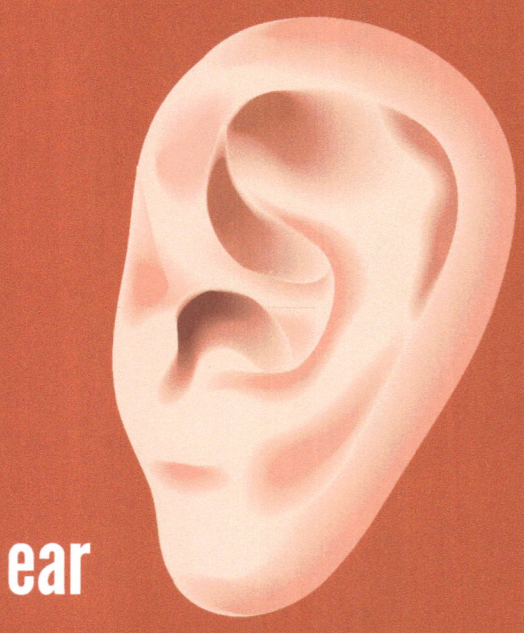
ear

tián

paddy field

qǔ

tune

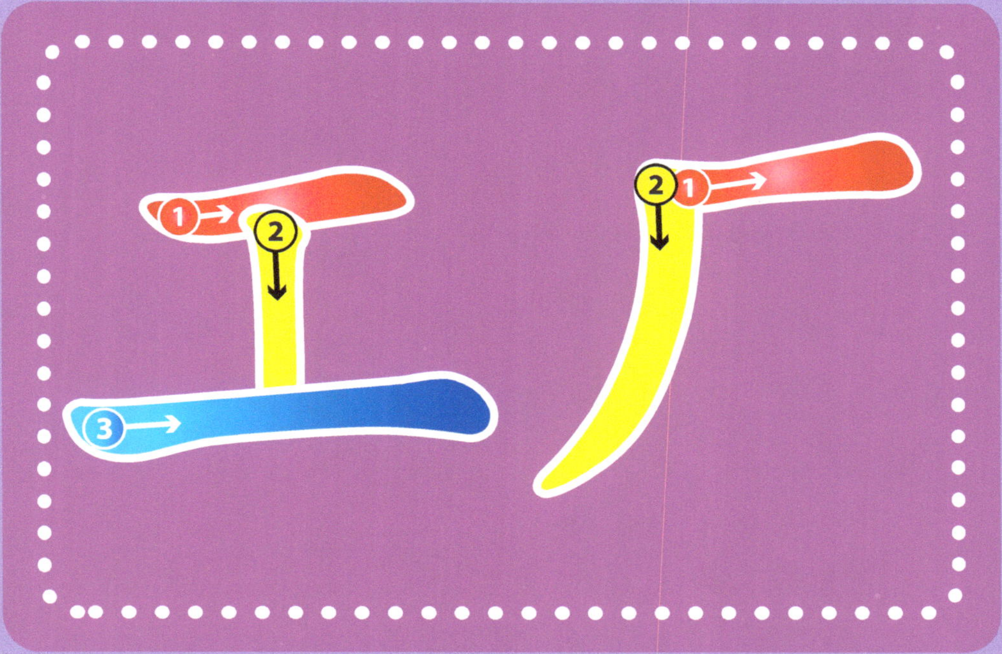

エ ノ

gōng chǎng

factory

ér zi

son

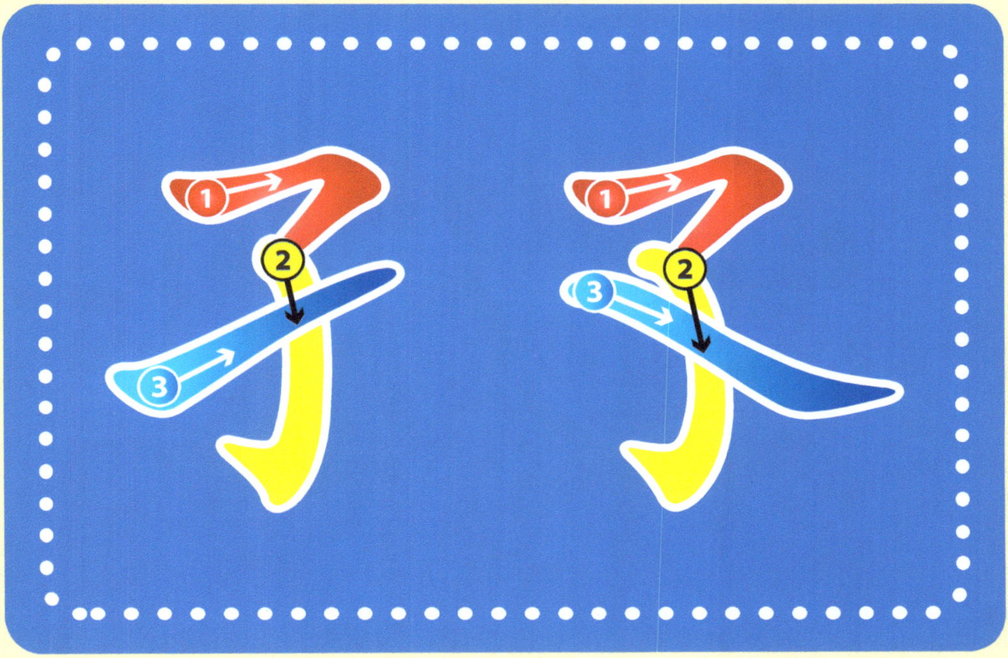

jié jué

wriggler

dà lì shì

strong man

èr

two

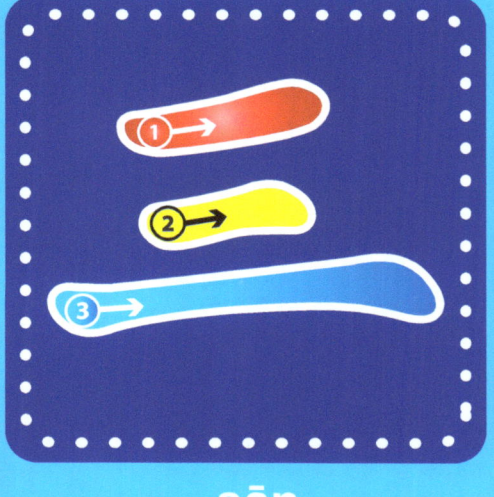
sān

three

qī

seven

bā

eight

jiǔ

nine

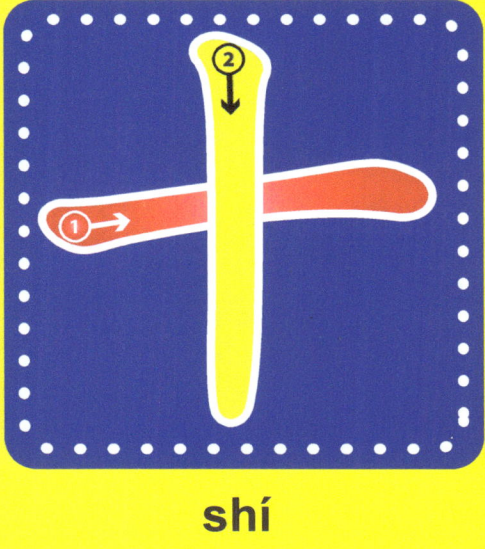
shí

ten

What's Next

www.ingramcontent.com/pod-product-compliance
Lightning Source LLC
Chambersburg PA
CBHW042040050526
44107CB00107B/1043